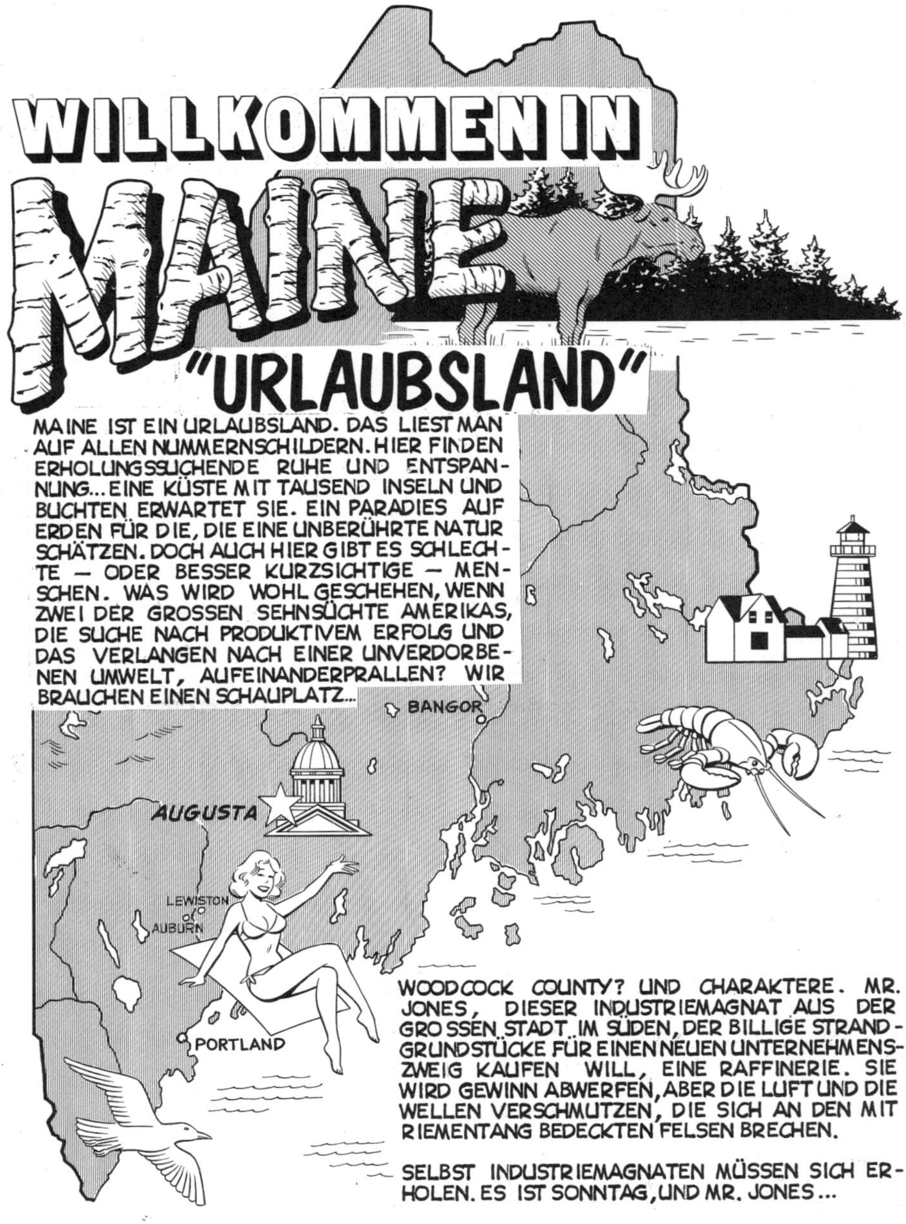
WILLKOMMEN IN
MAINE
"URLAUBSLAND"
MAINE IST EIN URLAUBSLAND. DAS LIEST MAN AUF ALLEN NUMMERNSCHILDERN. HIER FINDEN ERHOLUNGSSUCHENDE RUHE UND ENTSPANNUNG... EINE KÜSTE MIT TAUSEND INSELN UND BUCHTEN ERWARTET SIE. EIN PARADIES AUF ERDEN FÜR DIE, DIE EINE UNBERÜHRTE NATUR SCHÄTZEN. DOCH AUCH HIER GIBT ES SCHLECHTE – ODER BESSER KURZSICHTIGE – MENSCHEN. WAS WIRD WOHL GESCHEHEN, WENN ZWEI DER GROSSEN SEHNSÜCHTE AMERIKAS, DIE SUCHE NACH PRODUKTIVEM ERFOLG UND DAS VERLANGEN NACH EINER UNVERDORBENEN UMWELT, AUFEINANDERPRALLEN? WIR BRAUCHEN EINEN SCHAUPLATZ...
BANGOR
AUGUSTA
LEWISTON
AUBURN
PORTLAND
WOODCOCK COUNTY? UND CHARAKTERE. MR. JONES, DIESER INDUSTRIEMAGNAT AUS DER GROSSEN STADT IM SÜDEN, DER BILLIGE STRANDGRUNDSTÜCKE FÜR EINEN NEUEN UNTERNEHMENSZWEIG KAUFEN WILL, EINE RAFFINERIE. SIE WIRD GEWINN ABWERFEN, ABER DIE LUFT UND DIE WELLEN VERSCHMUTZEN, DIE SICH AN DEN MIT RIEMENTANG BEDECKTEN FELSEN BRECHEN.
SELBST INDUSTRIEMAGNATEN MÜSSEN SICH ERHOLEN. ES IST SONNTAG, UND MR. JONES...

...ANGELT GERADE.

Janwillem van de Wetering

# MORD PER FERNBEDIENUNG

Zeichnungen von
Paul Kirchner

BASTEI
LÜBBE

BASTEI-LÜBBE-PAPERBACK
Band 28 159

Erste Auflage: November 1987


Deutsche Lizenzausgabe 1987
Bastei-Verlag Gustav H. Lübbe GmbH & Co., Bergisch Gladbach
Originaltitel: Murder by remote control
Ins Deutsche übertragen von Uwe Anton
Lektorat: Martin Compart
Titelgestaltung: Bill Toth & Paul Kirchner
Druck und Verarbeitung:
Clausen & Bosse, Leck
Printed in Western Germany
ISBN 3-404-28159-4

NA ENDLICH!
DA BEISST EINER AN…

UND WAS FÜR EIN BURSCHE!
KOMM ZU PAPA...
BRAVER JUNGE...
DA HAST DU'S, TÖLPEL!
WAK

EH?
EIN FERNGE-
STEUERTES
FLUGZEUG?
ZIEH
AB!
BAH.

WAS ZUM…
AAARG!
AL-SO…
DEN VERKLAGE ICH AUF SEIN LETZTES HEMD!
ABER WEM GEHÖRT DAS FLUGZEUG?
ES KOMMT DIREKT AUF MICH ZU!

B-BITTE...
ICH MUSS HIER VERSCHWINDEN!
NA LOS... SPRING AN!
DAS IST...
DA WIRD JEMAND GEWALTIGEN ÄRGER BEKOMMEN!
HUH?

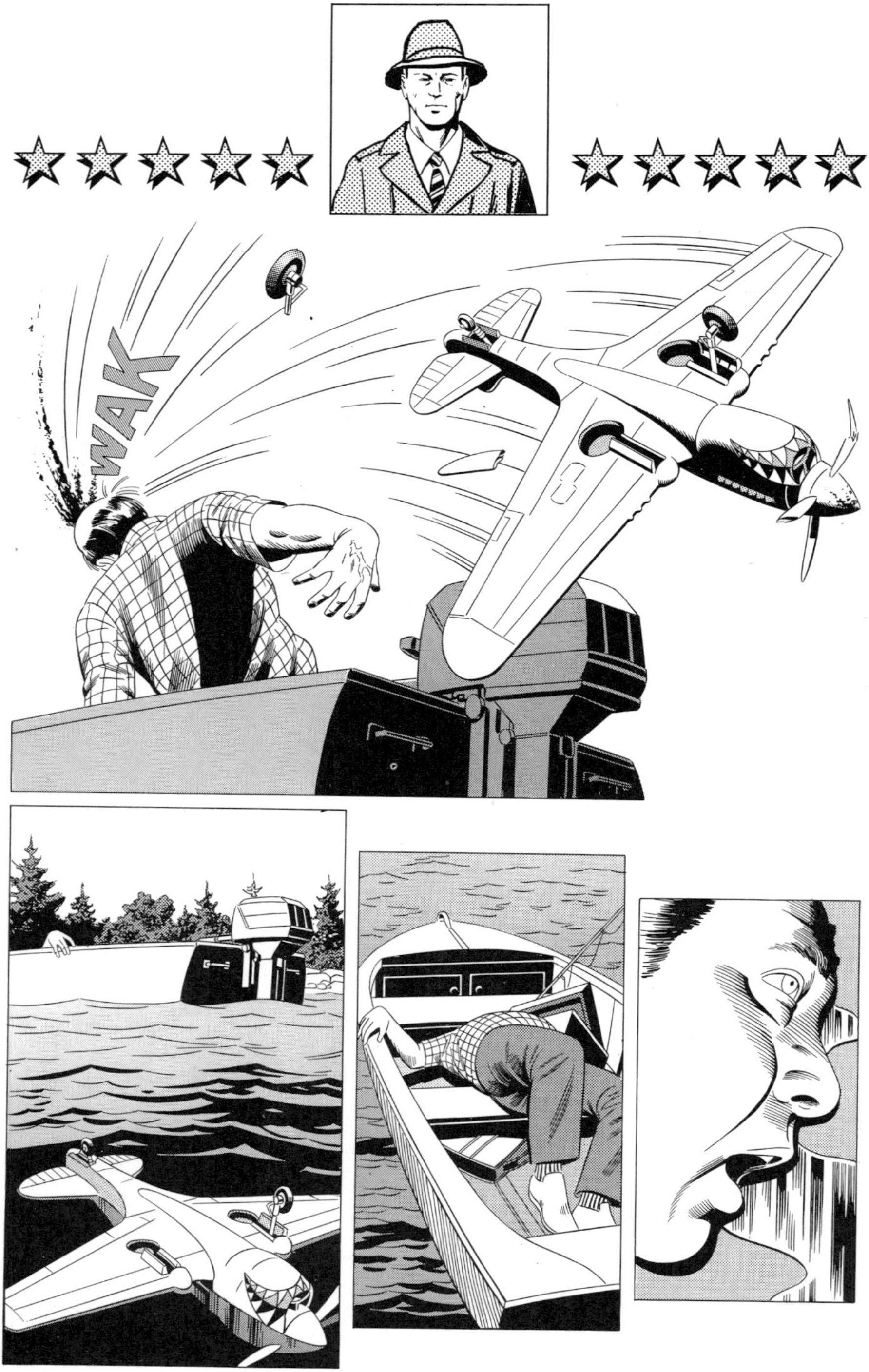
WAK

„WER?" FRAGTE MR. JONES, ALS ER NOCH FRAGEN KONNTE. GUTE FRAGE. ES HÄTTE JEDER AM STRAND SEIN KÖNNEN. WAS LIEGT AM UFER? VIER HÄUSER, DIE DIE BUCHT ÜBERBLICKEN. WER WOHNT DARIN? WÄREN DIE BESITZER NICHT DIE HAUPTVERDÄCHTIGEN?
DA IST MR. KANE, IN DEM ALTEN BAUERNHAUS. MR. KANE STAMMT AUS MAINE, WUCHS HIER AUF; SEINE AHNEN KÄMPFTEN GEGEN INDIANER.
JOHN DEERE
JETZT IST MR. KANE EIN GENÜGSAMER ALTER MANN, DER VON DEN ERTRÄGEN SEINER KLEINEN FARM LEBT. SEINE TIERE UND MASCHINEN SIND IHM GESELLSCHAFT GENUG, DOCH ER KENNT SEINE NACHBARN UND ACHTET DARAUF, WAS SO VOR SICH GEHT. ER HAT MR. JONES BEOBACHTET UND KENNT DESSEN PLÄNE.
VIELLEICHT MOCHTE ER MR. JONES NICHT

DER VIKTORIANISCHE LANDSITZ GEHÖRT VALERIE CURTIN, EINER WOHLHABENDEN JUNGEN DAME AUS NEW YORK, DIE ZURÜCKGEZOGEN LEBT.
VALERIE LIEBT IHREN GARTEN UND ZÜCHTET KRÄUTER ZWISCHEN DEN ROSEN, MAGISCHE PFLANZEN, DIE FÜR DIE TRAUMZEIT DAS VERSTÄNDNIS GEWÄHREN, AN DEM ES DEN WEISSEN MANGELTE. EINSICHT UND VERGNÜGEN VERBERGEN SICH IN IHREN BLÄTTERN UND WURZELN UND WERDEN FREIGESETZT, WENN VALERIE IHR GEBRÄU KOCHT.
WER IN IHREM HAUS TEE TRANK, WIRD NACHDENKLICH, WENN MAN IHN NACH SEINEN ERLEBNISSEN FRAGT. EINIGE BEHAUPTEN, VALERIE SEI EINE HEXE, UND MANCHMAL ZERTRAMPELN JUNGE VANDALEN IHREN GARTEN. SIE LÄCHELT ÜBER DEREN DUMMHEIT UND VERJAGT SIE.
WENN VALERIES KRAFT NACHLÄSST, FRISCHT DER OZEAN SIE WIEDER AUF. SIE LEBT AUS GUTEM GRUND HIER.
HÄTTE MR. JONES IHR NICHT DIE AUSSICHT VERDORBEN?

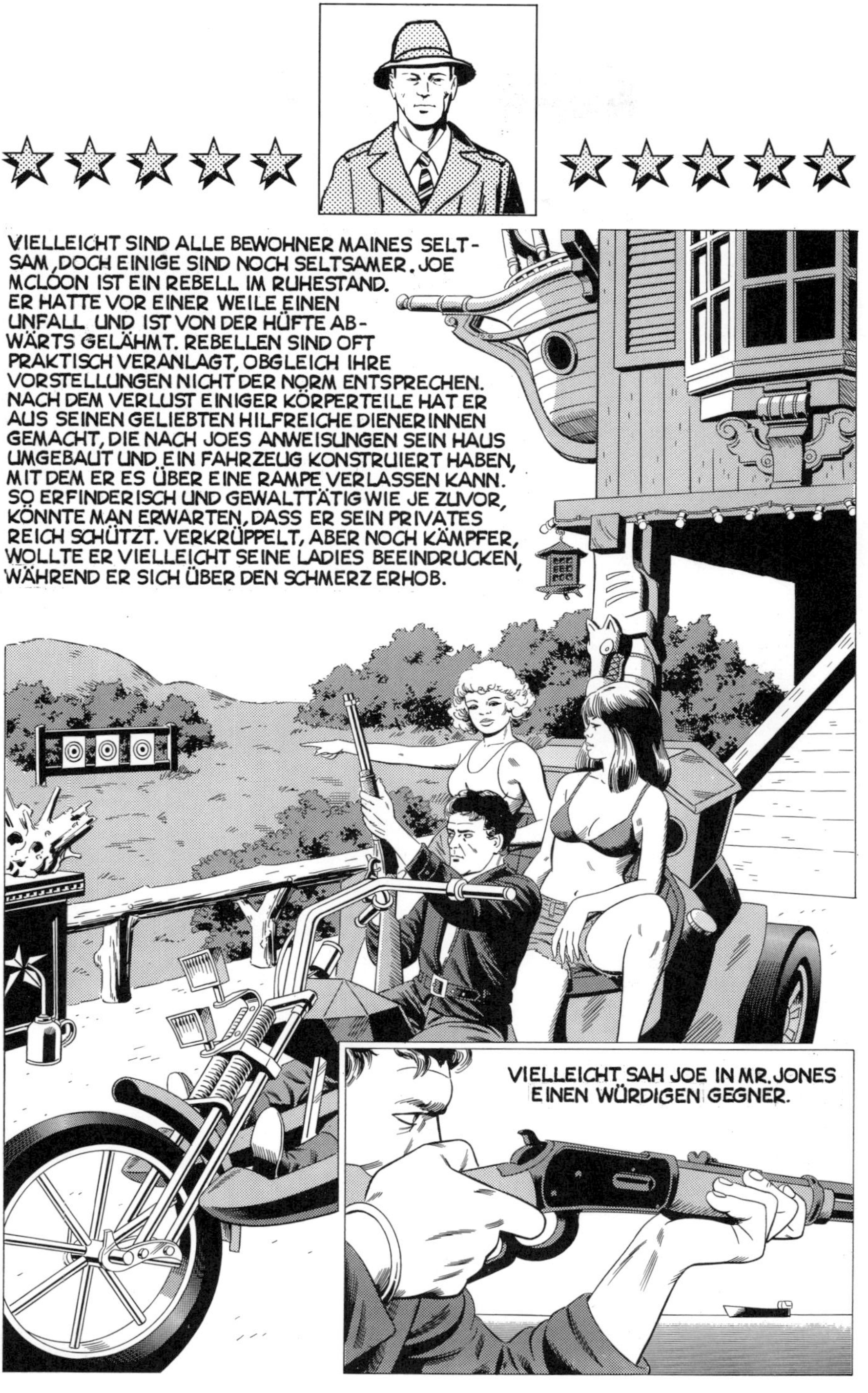
VIELLEICHT SIND ALLE BEWOHNER MAINES SELTSAM, DOCH EINIGE SIND NOCH SELTSAMER. JOE MCLOON IST EIN REBELL IM RUHESTAND. ER HATTE VOR EINER WEILE EINEN UNFALL UND IST VON DER HÜFTE ABWÄRTS GELÄHMT. REBELLEN SIND OFT PRAKTISCH VERANLAGT, OBGLEICH IHRE VORSTELLUNGEN NICHT DER NORM ENTSPRECHEN. NACH DEM VERLUST EINIGER KÖRPERTEILE HAT ER AUS SEINEN GELIEBTEN HILFREICHE DIENERINNEN GEMACHT, DIE NACH JOES ANWEISUNGEN SEIN HAUS UMGEBAUT UND EIN FAHRZEUG KONSTRUIERT HABEN, MIT DEM ER ES ÜBER EINE RAMPE VERLASSEN KANN. SO ERFINDERISCH UND GEWALTTÄTIG WIE JE ZUVOR, KÖNNTE MAN ERWARTEN, DASS ER SEIN PRIVATES REICH SCHÜTZT. VERKRÜPPELT, ABER NOCH KÄMPFER, WOLLTE ER VIELLEICHT SEINE LADIES BEEINDRUCKEN, WÄHREND ER SICH ÜBER DEN SCHMERZ ERHOB.
VIELLEICHT SAH JOE IN MR. JONES EINEN WÜRDIGEN GEGNER.

STEVE GOODRICH BEKAM EINE MILLION DOLLAR FÜR SEINE LETZTE HAUPTROLLE. HINZU KOMMEN DIE ERTRÄGE AUS SEINEN FRÜHEREN FILMEN. STEVE ZOG SICH ZURÜCK, ALS ER NOCH HOCH IN KURS STAND. ER FAND EIN SANKTUARIUM, DAS VOM WAHNSINN HOLLYWOODS WEIT ENTFERNT LIEGT. ER NAHM SEINEN FREITAG MIT, SEINEN VERTRAUENSWÜRDIGEN VERWALTER, HELFER UND MAJORDOMUS ERIK VAN HEINEKEN. ERIK IST DAS FAKTOTUM DES LANDSITZES, DOCH SEINE UNTERWÜRFIGKEIT VERBIRGT DIE FÄHIGKEIT, DAS BÜHNENBILD ZU GESTALTEN UND DIE REGIE ZU ÜBERNEHMEN.
DOCH SIND STEVE UND ERIK NOCH HARMLOS, WENN MR. JONES IHRE SPIELE STÖRT?

HIER IST DER SHERIFF, EIN GESETZESTREUER BÜRGER, STETS BEDACHT, SEINEN BESITZ ZU SCHÜTZEN. ALS ER AM UFER STREIFE FUHR, FAND ER EIN TREIBENDES BOOT UND DIE LEICHE DARIN. MR. JONES WURDE VON EINEM UNBEKANNTEN GETÖTET. DA EIN MORD IN DIE ZUSTÄNDIGKEIT DER STATE POLICE FÄLLT, HAT DER SHERIFF DIE HAUPTSTADT UM UNTERSTÜTZUNG GEBETEN.
POLICE
MAN HAT IHM DEN SCHÄDEL EINGESCHLAGEN, WAS?
JA, ABER WOMIT?
MIT DEM FLUG 750 TRIFFT STATE DETECTIVE JIM BRADY UM 11 UHR IN BAR HARBOR EIN...
SCHEISSE, DAS IST MEIN REVIER... WER BRAUCHT DIESE ARSCHLÖCHER?
HA, WIR LASSEN DEN SCHEISSKERL EINFACH 'NE WEILE WARTEN!

BOR AIRPORT
PUSH
WIE GEHT'S DENN SO?
GUT.

WARTEN SIE?
JA.
SO KANN MAN SICH AM BESTEN DIE ZEIT VERTREI-BEN. ICH HABE MEIN GAN-ZES LEBEN GEWARTET. DAS IST HIER SO.
ACH?
FRÜHER WAR HIER GANZ SCHÖN WAS LOS. IST SCHON'NE WEILE HER...
HIER GAB ES EIN PAAR WILDE INDIANER...
STAR WARS

DANN AUCH EIN PAAR WIKINGER...
WISSEN SIE NOCH, DER KRIEG MIT FRANKREICH?
Cocktail Lounge
Restaurant
BUD
PRECISI
HOLLYWOOD STYLE
CUT
BARBER SHOP

MORGAN
UND DIE BRITEN WAREN HIER...

SIE KOMMEN WEGEN DEM MORD?
JA.
ICH RIECH' NEN BULLEN IMMER NOCH!
DA KOMMEN IHRE KUMPELS!
LANGE GEWARTET?
JA.

WIR KENNEN IHN... EIN BURSCHE NAMENS JONES. KIPPTE BEIM ANGELN EIN PAAR BIERCHEN ZU VIEL. STÜRZTE UND SCHLUG SICH DEN KOPF AM BOOTSRAND EIN. KÖNNTE SO GE-WESEN SEIN...
HABEN SIE TROTZDEM GERUFEN. DIE VORSCHRIFTEN, KLAR?
WO SIND DIE LEEREN DOSEN?
ER WARF SIE ÜBER BORD.
UMWELTVERSCHMUTZUNG. SCHADE, DASS ER STÜRZTE, HÄTTE IHN SONST RANGEKRIEGT.
WAS IST MIT IHM?

LÄSST HIER JEMAND MODELLFLUGZEUGE FLIEGEN?
WIESO?
DA LIEGT EINS.
NA UND?

ELEMENTAR, MEIN GUTER SHERIFF. DA KLEBT BLUT. SEHEN SIE?
FLUGZEUGE HABEN PILOTEN...
WIR MÜSSEN DIE IDENTITÄT DES PILOTEN FESTSTELLEN. KÖNNEN SIE MIR SOWEIT FOLGEN?
WO WOHNE ICH?
MISS CURTIN VERMIETET ZIMMER. DA HABEN SIE ES GANZ GEMÜTLICH.
WIR FAHREN SIE HIN!
NEE.
DER WIRD MIR NOCH ZU SCHAFFEN MACHEN!

EIN PAAR MINUTEN DARAUF . . .
GRRR!
WAU! WAU!
WAS GIBTS?
FÄHRT DER NOCH?
YUP.
4 SALE $200
BITTE SCHÖN.
DANKE SEHR.
ALLES KLAR?
EINS NOCH...
SIE MÜSSEN MIT INS HAUS KOMMEN. MUSS IHNEN DEN KAUF-VERTRAG GEBEN.

HAB' SIE ERST GEHÖRT, ALS DIE HUNDE BELLTEN.
DER HERD DARF NICHT AUSGEHEN... HAB' MEIN ESSEN AUF DEM OFEN.
MAN BRAUCHT 'NE MENGE GRIPS, UM MIT DEN DINGERN KLAR-ZUKOMMEN.
DESHALB WERDEN SIE AUCH IMMER SELTENER...
KOMMEN SIE...
WIE WAR'S IN DER LUFTWAFFE?

E PLURIBUS UNUM
HAB' NIE VIEL UM UNIFORMEN GEGEBEN...
ODER UM BEFEHLE...
MUSSTE DAS LAND VERTEIDIGEN. KLAR?

UNTERSCHREIBEN SIE HIER. NORMALERWEISE LASSEN WIR DIE UMSATZSTEUER FALLEN. ABER DA SIE EIN BULLE SIND...
ALSO HAT MAN DEN HUNDESOHN ERWISCHT?
JONES? ALLERDINGS.
HABE IHN NIE GEMOCHT. ER WOLLTE DIE KÜSTE VERSAUEN, WISSEN SIE...
EINE ÖLRAFFINERIE... WIR HABEN SCHON MEHR GESTANK, ALS WIR BRAUCHEN.
YUP... IST DOCH NOCH EIN GUTER TAG GEWORDEN.
GRRR!
WAU WAU! WAU!
ARSCHLOCH.

SIE HEISSEN ALSO JIM, DARF ICH SIE SO NENNEN?
KLAR.
ICH BIN VALERIE. WAS FÜHRT SIE ZU UNS, JIM?
EINE KLEINE POLIZEI-SACHE.
OH, WIE INTERESSANT... SIE SIND DETECTIVE?
JA.
WIE AUF-REGEND.
GRRR!
MANCH-MAL SCHON.
YIP!
SIE WOHNEN HIER GANZ ALLEIN?
OH JA... VON MEINEN ERSPARNISSEN.

ICH WAR SELBSTÄNDIG...
KÜNST-LERIN.
ACH.
WIRK-LICH.
ICH KÖNNTE ES IHNEN ZEIGEN...
MEINE VORSTELLUNGEN WAREN ANREGEND...

UND SEHR PROFITABEL.
MAUD-
HALT
GEBÜHR!

EINE INTERESSANTE KOMBINATION... FÜR EINE WEILE.
HIER WEISS KEINER DAVON. DENKEN, ICH HÄTTE GEERBT. SIE HALTEN DOCH DEN MUND?
ICH SAGE N I E ETWAS.
BELÄSTIGEN DIESE JUNGS SIE?
ICH RÄUME DAS NUR AB. BIN SOFORT ZURÜCK.

KAUM... DIESE SCHRECKLICHE GLASKUGEL STAND SCHON IMMER DA. ICH KANN AUF SIE VERZICHTEN, ABER DIE JUNGS TREFFEN SIE EINFACH NICHT.
VIELLEICHT KANN ICH HELFEN.
POW
JESUS!
HEILIGER BIMBAM!
MOM HATTE RECHT!

SIE SPIELEN MIT MODELLFLUG-ZEUGEN?
NEIN... ICH ZIEHE ANDERE SPIELE VOR.
MR. JONES WURDE MIT EINEM FERNGE-STEUERTEN MODELLFLUGZEUG GETÖTET.
DIESE DINGER SIND SO LÄSTIG UND LAUT. ICH BIN FROH, DASS ES HIER KEINE GIBT.
HEUTE MORGEN GAB'S HIER EINS. HABEN SIE ES NICHT GEHÖRT?
NEIN.
UND SIE HABEN HIER IM GARTEN GEARBEITET?

FORT!
JOE SPRICHT MIT KEINEM AUSSER UNS.
UNBEFUGTE WERDEN ERSCHOSSEN!
EAT
MICH WIRD ER SPRECHEN.

SIE SIND EIN BULLE UND HIER UNERWÜNSCHT. WAS WOLLEN SIE?
HABEN SIE JONES GETÖTET?
WARUM SOLLTE ICH SOWAS DUMMES TUN? DER TOD IST ZU GUT FÜR IHN. DIE TOTEN HABEN'S HINTER SICH.
WENN MIR EINER NICHT PASST, LASSE ICH IHN NACH SEINER MELODIE TANZEN...
ABER NUR, SOLANGE ICH IHN ERREICHEN KANN.
VIELLEICHT SPIELE ICH ETWAS SCHNELLER. ABER ICH ÜBERTREIBE ES NIE.
TOTE HÖREN KEINE MUSIK.
KRAK!
K5
D2
D5
D5
K4
D3
K4
D3
K5
D2
K5
D2
5X
SIE WOLLEN NICHT DER EINZIGE SEIN, DER LEIDET?
WIESO KÖNNEN SIE NICHT LAUFEN, JUNGE?
ZU SCHNELL GEFAHREN?
HAH!

ICH KONNTE FAHREN, MANN. FUHR MIT DEM...
...TEUFEL UM DIE WETTE.
DER TEUFEL IST SCHNELL, MANN...
...ABER ICH WAR SCHNELLER.
SPEED 30 LIMIT
YIELD
ICH WAR ECHT GUT.
HATTE ES FAST HINTER MIR...
ALLES HINTER MIR, VERSTEHEN SIE?

DER TEUFEL IST TOLL.
GIBT NIE AUF.
UND HAT VIELE NAMEN.
AN DIESEM TAG HIESS ER IRONY...
EMILY IRONY.
NETTE ALTE DAME. KRAMTE IN IHRER HANDTASCHE. SAH NICHT, DASS SIE ROT HATTE.
DER TEUFEL HOLT EINEN...

...WENN MAN NICHT HINSIEHT.
WAS WISSEN SIE SCHON.
OH GOTT!
URLAUBSLAND BMF 61 MAINE
WO HABEN SIE ALL DIE MÄUSE HER?
DIE ALTE MRS. IRONY WAR GUT VERSICHERT.

SIE SIND EIN TOLLER BURSCHE, WAS? HABEN HIER EIN GANZ SCHÖNES ARSENAL. SCHON MAL MIT MODELL-FLUGZEUGEN VERSUCHT?
POW.
SIE BLÖDER GEHIRNAMPUTIERTER BULLE...
MUSS ICH ES NOCH MAL SAGEN?
EMILY IRONY SCHICKT MICH AUF URLAUB. EINEN LANGEN URLAUB...
URLAUB AUF DAUER.
ICH KANN NUR NOCH HERUM-SPIELEN. MIT DENEN DA...
NUR EIN PAAR SPIELCHEN...
UM IN FORM ZU BLEIBEN.
UND WACH.

DIE KÖNNEN SIE ALLE MAL, WAS?
FOLGT DEM UNHOLD!
ALLES KLAR?
WHOOPE!
LEBT FREI...
...ODER STERBT!
ICH
MUSS
LEI-
DER
GE-
HEN.
BYE
BYE.

IST DER BOSS DA?
JA?
ICH BIN POLIZIST. MUSS MIT DEM BOSS SPRECHEN.
FOLGEN SIE MIR ZUM STUDIO.

HEREIN...
WILLKOMMEN AN BORD!
JIM BRADY, STATE POLICE. ICH BIN WEGEN DES MORDES AN MR. JONES HIER.
AH JA. MAN HAT ES DIESEM NICHTSNUTZ GEZEIGT. SIE SUCHEN DEN SCHULDIGEN, NICHT WAHR?
SIE MÜSSEN NOCH EINEN AUGENBLICK BLEIBEN SIR. WIR SIND FAST FERTIG.
ABER DAS IST DIE ZEIT FÜR EIN GESPRÄCH, ALTER KNABE. WIR HABEN PUBLIKUM... EINE INTERESSIERTE ÖFFENTLICHKEIT...
ICH HABE EINMAL EINEN DETEKTIV GE-SPIELT. WIE HIESS ER NOCH? SAM SPADE?
ICH GLAUBE, ES WAR MARLOWE, SIR.
JA, MARLOWE. DANKE, ERIK.
FLIEGT DIESES DING DA?
NA KLAR! DAS IST AMERIKA, HIER FUNKTIONIERT ALLES!
WOLLEN SIE MAL FLIEGEN?

HIER GEHÖREN WIR HIN... HOCH OBEN. DIE RICHTIGE POSITION, AUS DER MAN DIE KLEINEN LEUTE BEOBACHTEN UND STEUERN KANN. VON DER SCHWERKRAFT ANGEKETTET ...WISSEN SIE, MAN KANN SIE STEUERN.
SPIELEN SIE GOTT?
DAS WOHL KAUM.

DA UNTEN GEHT EINIGES VOR. ABER WAS IST EINE SHOW WERT, WENN NIEMAND ZUSIEHT?
HMMM.
ENTGEHT MIR ETWAS?
POLICE
HARE KRISHNA HOCH IM HIMMEL, UND SALAMI HÄNGT AM PIMMEL.
POLICE
DER SHERIFF HAT ZUGESCHLAGEN.
POLICE

HAT IHRE ARBEIT SCHON GETAN, WAS?
KANN SEIN.
ABER NICHT BEIM FLIEGEN. ERFORDERT GROSSE ÜBUNG, UM AUF EINEM RASEN ZU LANDEN.
MANCHES ERLEDIGT SICH EBEN VON ALLEIN.
ERIK, JETZT DEN SONNENUNTERGANG.

NUN?
SEHR SCHÖN... ABER BEI MIR GEHT DIE SONNE IM WESTEN AUF.
ACH JA? KEINE AHNUNG... ERIK KÜMMERT SICH IMMER UM DIE SPECIAL EFFECTS.
WAR NETT, DASS SIE VORBEIGESCHAUT HABEN. BIS BALD.
GOODBYE!
ACH JA. HÄTTE ICH FAST VERGESSEN. HAT EINER VON IHNEN MR. JONES GETÖTET?
MEIN LIEBER FREUND... WIE KÖNNEN SIE NUR?
ABER NEIN. FÜR IHRE UNTERLAGEN ER-KLÄRE ICH: ICH WEISS VON NICHTS.
NUR EINE FRAGE. BYE.
WAS FÜR EIN LÄSTIGER KERL!
HMMM.

POLICE
DIESER TYP HAT KEINEN FESTEN WOHN-SITZ. MUSS HIER IRGENDWO KAMPIERT HABEN, RICHTIG?
ICH BIN ÜBERALL ZU HAUSE.
ICH GESTEHE ALLE VERBRECHEN IM UNIVERSUM, IM DIESSEITS UND IM JENSEITS. DA ICH MEINE GEBURT AKZEP-TIERE, AKZEPTIERTE ICH ALLES LEIDEN. DAS DHARMA IST MEIN, UND MEIN ALLEIN. ICH NEHME WAHR. ICH UNTERSTÜTZE DAS GUTE UND VERNICHTE DAS BÖSE. ICH BIN DER AVATARA.
DAS WAR'S DANN. HIER IST EIN UNTER-ZEICHNETES GESTÄNDNIS!
WANN GIBT'S HIER ABENDESSEN?
UND DAVOR MR. J. CHRISTUS!
WAS SOLLS... ER HAT JONES GETÖTET. NEHMEN SIE IHN MIT IN DIE HAUPTSTADT. HABEN IHNEN 'NE MENGE ÄRGER ERSPART, WAS?
GERADE WAR ER NOCH BUDDHA.
SO HEISSEN SIE? AVATARA?

HABEN SIE EIN MODELLFLUGZEUG?
ICH FLIEGE IN DEN HÖHEN DES HIMMELS, DEN TIEFEN DER HÖLLE.
KOMMEN SIE AUS DIESER GEGEND?
GIBT ES EINEN ORT, WO ICH NICHT BIN?
EIN ERDNUSSBUTTER-SANDWICH WÄRE NETT.
HMMM.
ER GEHÖRT IHNEN. ICH WILL IHN NICHT.
SCHÖNE WAFFE.
GEFÄLLT SIE IHNEN? ICH HABE EINEN SCHIESS-STAND. KOMMEN SIE MORGEN VORBEI, DANN ÜBEN WIR ETWAS.
MAL SEHEN, OB SIE VOM UFER DEN OZEAN TREFFEN.

VACATIONLAND
WAS IST LOS MIT DIESER PFÜTZE?
HE!
BÖSER KLEINER BENGEL, WAS? WIE HEISST DU?
SOZIAL H. EMPFÄNGER. ICH WOHNE IN DER PROVINZ.

WAS STÖRT DICH AN DER PROVINZ?
ICH ZIEHE DIE GROSSSTADT VOR.
UND WAS WÜRDEST DU DA TUN?
ALTE DAMEN KILLEN.
SHOOTI GALLERY
HE, WO BEKOMME ICH EIN BOOT?
MR. KANE HAT EINS, ABER ER IST FORT, UND SIE KOMMEN NICHT AN SEINEN HUNDEN VORBEI.

GRRRR!
BOW-WOW!
IST JA GUT.
IHR SEID DOCH KLEINE BRAVE HUNDE. KLEINE WAU-WAUS.
GURRRR?
WHROO? WHROO?
JA, IHR SEID BRAVE HUNDE!

HOL-LA.
SIEH AN, WAS HABEN WIR DA?
LICHT !
ACTION!
MEINE TEURE.
MEIN GELIEBTER.
MEIN SCHATZ.
MEIN LIEBSTER.
DAS LEBEN IM RUHESTAND IST HEUTE AUCH MEHR, WAS ES MAL WAR.

ICH BIN EIN ARMER, EINSAMER BULLE. VERLOREN AUF DEM GLATTEN MEER, NICHTS IST LOS...
NICHTS IST LOS?
EIN SÜDAMERIKANISCHER DAMPFER, FERN DER HEIMAT. ICH WETTE, DA STIMMT WAS NICHT. SEHEN WIR MAL EINE WEILE ZU?
EINE TRANSAKTION MITTEN IN DER NACHT...
EINE KLEINE LIEFERUNG KOLUMBIANISCHEN GOLDES FÜR EINEN GUTEN ALTEN BEKANNTEN...
KANN DAS SEIN?

ETWAS LOGIK AUF BEIDEN SEITEN DER GLEICHUNG WÄRE NICHT SCHLECHT... WENN WIR B UND D ADDIEREN UND E SUBTRAHIEREN...
MOMENT MAL, IST DER WERT VON E IN LETZTER ZEIT NICHT STÄNDIG GEWACHSEN?
AH, C!
AUFGE-BLASENER BULLE!
JA, ICH HABE EUCH AUCH GERN.

KOMMEN SIE AUF EINE TASSE TEE HERUNTER?
HÄTTE NICHTS DAGEGEN.
SIE WAREN MIT DEM ALTEN CHARMEUR AM STRAND?
HABEN SIE MICH GESEHEN? AH, DAS IST DAS LAND DER PURITANER. ABER AFFÄREN SIND NICHT VERBOTEN, ODER?
AFFÄREN BRINGEN JONES NICHT UM.
ICH AUCH NICHT!
IST DAS AUCH TEE?
AUS MEINEM GARTEN. JONES WAR EIN ZIEMLICHES EKEL, WISSEN SIE.
KO-MISCH...
AUS KRÄUTERN AUFGEBRÜHT. VERSTEHEN SIE, ICH WILL SIE BESSER KENNENLERNEN, JIM.

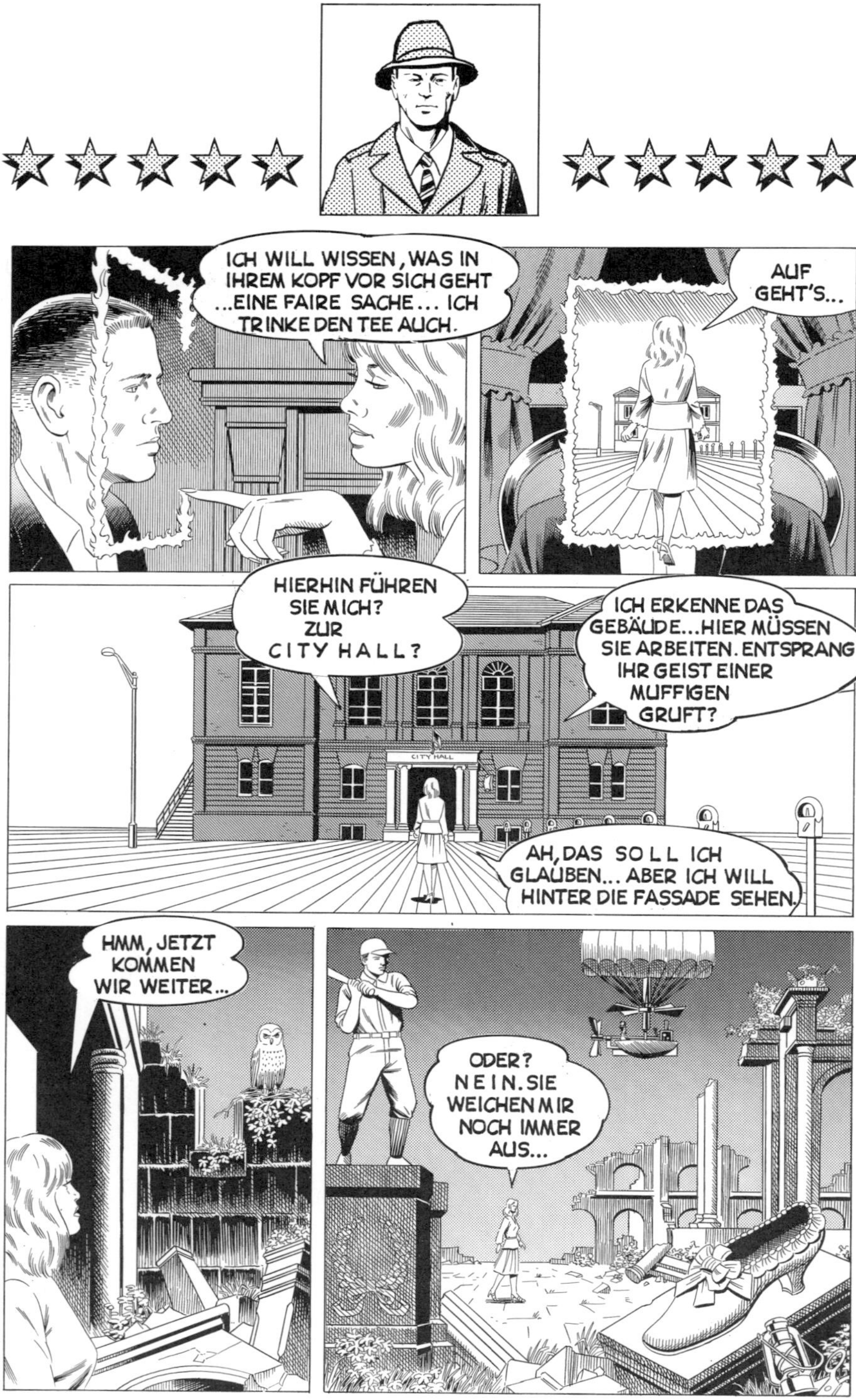
ICH WILL WISSEN, WAS IN IHREM KOPF VOR SICH GEHT ...EINE FAIRE SACHE... ICH TRINKE DEN TEE AUCH.
AUF GEHT'S...
HIERHIN FÜHREN SIE MICH? ZUR CITY HALL?
ICH ERKENNE DAS GEBÄUDE...HIER MÜSSEN SIE ARBEITEN. ENTSPRANG IHR GEIST EINER MUFFIGEN GRUFT?
CITY HALL
AH, DAS SOLL ICH GLAUBEN... ABER ICH WILL HINTER DIE FASSADE SEHEN.
HMM, JETZT KOMMEN WIR WEITER...
ODER? NEIN. SIE WEICHEN MIR NOCH IMMER AUS...

OH NEIN... WIR SIND AM ANFANG.
GENUG. ICH VERABSCHEUE FERNSEHEN.
WAS IST IN DEM TEE?
EIN HAUCH REINER NATUR.
REINER SCHIERLING UND NACHTSCHATTEN! HALTEN SIE SICH VON MIR FERN, LADY.
WOLLEN SIE DAS WIRKLICH?

WIRK-
LICH?
MACHEN WIR NOCH EINE REISE... DIESMAL GEHE ICH VORAN.
KOMM MIT...
SEI EIN BRAVER DETECTIVE.
DIE STERNE ERWARTEN UNS.
DU BIST SO SÜSS, MEIN SCHATZ.
DU MACHST WITZE, ODER?

AM FOLGENDEN MORGEN...
SCHÖN, DASS SIE VORBEIKAMEN... MIT DER WAHRNEHMUNG IST ES WIE MIT DER AUSSICHT... SIE WIRD SCHÄRFER, WENN MAN SIE TEILT.
ALL DAS GEHÖRT UNS. TEIL DES GÖTTLICHEN SPIELS... NIEDERE GEDANKEN DÜRFEN ES NICHT VERDERBEN.
WIE ETWA JONES?

EIN AB-
SCHEULICHER
TÖLPEL...
ABER ES GIBT
NOCH EINEN... DER
SHERIFF. ER LEBT
NOCH IMMER IN DER
VERGANGENHEIT.
ZIEMLICH
PATHETISCH,
NICHT
WAHR?
WIR KOMMEN
'RUNTER, ERIK.
CHAMPAGNER
UND KAVIAR.
HEIL, HERR
UND MEISTER!
HOME,
SWEET
HOME.

MITTLERWEILE GEHT DAS SINNLOSE GEMETZEL WEITER...
RATATATAT ... TATATATAT!
POLICE
RAN, JUNGS!
NUR ZU!
VERSTREUT IHRE SCHEISSE IM WIND!
HAR HAR HAR!

SO WERDEN WIR'S DIESEN KLEINEN SCHLITZ-ÄUGIGEN REISFRESSERN GEBEN!
HERZLICHEN GLÜCKWUNSCH.
WANN FAHREN SIE ZURÜCK? DER IRRE WAR'S!
UND DAS MODELLFLUGZEUG?
LECKEN SIE MICH DOCH DAMIT!
SHERIFF?
WAS IST?
DER VERDÄCHTIGE DREHT DURCH.
RUFEN SIE DEN ARZT!
HABE ICH, ABER ER UNTERNIMMT NICHTS OHNE IHRE SCHRIFTLICHE EINWILLIGUNG.
SCHEISSE. KOMME. ZEHN - VIER

PLUB-UB-UB--KOFF--
SCHEISSE!
MEINER TUT'S.
KARTOFFEL IM AUSPUFF... DER TRICK KLAPPT IMMER!
RRRRR-VROOOM
ERST MAL VON DER STRASSE 'RUNTER...
HEH, HEH.

JETZT DER ZWEITE AKT.
FUNKTIONIERT DAS DING?
GEBEN SIE HER!
WOLLEN SIE IHR KOSTBARES EIGENTUM WIRKLICH VERNICHTEN?
DIESE DUMMEN BÄUME? PASSEN SIE AUF!
WOW!
BA-BOOM
WAS...?

MEIN...
BAM
...WAGEN.
MEIN WUNDERSCHÖNER BRANDNEUER KUGELSICHERER AUFGEMOTZTER STREITWAGEN!
OOF!

SIE VER-
DAMMTER...
SIE SIND
FEST-
GENOMMEN.
WAS?
WAS???
COAST GUARD
RAUSCHGIFT-
SCHMUGGEL.
HABE SIE GESTERN ABEND
MIT DEN KOLUMBIANERN GESEHEN
UND DIE KÜSTENWACHE
ALARMIERT.

ETWAS POT UND ETWAS KIES, JETZT GEHT'S AB IN'S PARADIES!
ER HAT AUCH STAATSEIGENTUM ZERSTÖRT... KEIN GROSSES VERGEHEN, ABER IMMERHIN!
VIELLEICHT HÄTTEN SIE AM FLUGHAFEN PÜNKTLICH SEIN SOLLEN.

ZURÜCK ZUM EIGENT-LICHEN FALL...
ICH KENNE DEINEN...
...NAMEN NOCH NICHT...
...KLEINER PILOT.
ABER ICH WERDE IHN HERAUSFINDEN.

GEDANKENVERLOREN FÄHRT DER DETECTIVE ZU SEINEM DOMIZIL ZURÜCK...
ALS PLÖTZLICH...
VER DAMMT!
DIE KOM-MEN DIREKT AUF MICH ZU!
BESSER VON DER STRASSE RUNTER...

VOLLTREFFER!
OOF.
AHA.
BAH.
DER SHERIFF HAT JONES UMGEBRACHT, WAS? SIE HABEN IHREN JOB ERLEDIGT. WIR WOLLEN HIER UNSERE RUHE HABEN, MANN.
KÖNNEN SIE MICH ABSCHLEPPEN?

DER SHERIFF SAGT, ER SEI'S NICHT GEWESEN.
BLÖDSINN. LEGEN SIE IHM DIE DAUMENSCHRAUBEN AN.
WAREN SIE ES?
ICH, EINEN UMBRINGEN?
DAS LEBEN IST SCHEISSKURZ. DAS IST EIN FREIES LAND, ICH MISCHE MICH NICHT IN DEN DRECK ANDERER LEUTE.
MEIN GURU SAGT WAS ANDERES.
IST ER NICHT SÜSS? LADEN WIR IHN ZUM ESSEN EIN!

DIE PARTY FÄNGT AN...
TREAT ME LIKE A FOOL, TREAT ME MEAN AND CRUEL, BUT LOVE ME...
POO POO!
PE DOO!
HÖREN SIE, DER SHERIFF IST EIN ARSCHLOCH, KLAR? ER BRAUCHT HANDLUNGSFREIHEIT, KLAR? JONES WOLLTE DIE KÜSTE ZUBAUEN, KLAR? INTERESSENKONFLIKT, KLAR?
NEE.
SCHON DURCH?
NOCH NICHT GANZ.

HÖREN SIE DOCH AUF...
VERZIE-HEN SIE SICH!
...UNS AUF DIE ZEHEN ZU TRETEN!
ABER ICH BIN NOCH NICHT FERTIG. ICH HÄNGE NOCH IN DER LUFT.
SIE WERDEN RUNTERKOMMEN, MANN.
HAB KEIN GESTÄNDNIS. HAB KEINEN BEWEIS.
HAB KEIN GESTÄNDNIS.
HAB KEINEN BEWEIS.

VIELLEICHT WAREN SIE ES.
ICH? MÖGE JEDER EWIG LEBEN!
EWIG.
EWIG.

DAS LEBEN IST EIN KURZER AUGENBLICK DER DUNKELHEIT ZWISCHEN ZWEI EWIGKEITEN DES LICHTS.
UND ES GEHT AUF UND AB...
NEHMEN WIR IHN JETZT, ODER WARTEN WIR NOCH?
JETZT, ODER?

SIE SIND NUR EIN SPÜRHUND.
ABER EIN SO SÜSSER KLEINER SPÜRHUND.
SIE HABEN NIE EIN KANINCHEN GEFANGEN UND SIND KEIN FREUND VON MIR...

ES GIBT ZEITEN, DA IST MEINE EINZIGE UNTERSTÜTZUNG DER TEUFEL.
ZEIT FÜR'S BETT, MR. DETECTIVE.
WIR MACHEN'S IHNEN SCHÖN BEQUEM.
KEINE ANGST.
NUR ZU.
SIE WISSEN, WIE ES IST, ODER?
ICH WUSSTE ES AUCH MAL.

AM NÄCHSTEN MORGEN . . .
DA SEID IHR JA.
UND?
HMM.
SIE HABEN DEN SHERIFF. DAS IST DOCH WAS.
BRAUCHTE JAHRE, UM SIE ABZURICHTEN.
WAREN SIE ES?

NEE, SIE SCHEISSKERL. HÄTTE ES VIELLEICHT GETAN...
HABEN SIE?
NEE. WIESO SOLLTE ICH?
WIR HABEN FREIES WAHLRECHT. JONES WILL'NE RAFFINERIE...
WIR STIMMEN DAGEGEN.
WOFÜR STIMMEN SIE DENN?
WOFÜR? ICH STIMME NUR GEGEN ETWAS.

BITTE BLEIB DOCH ZUM MITTAGESSEN... MAGST DU HUMMER?
NORMALER TEE?
KEINE ANGST, SCHATZ.
HAST DU JONES GETÖTET?
ICH BIN EINE FRAU... ICH SCHENKE LEBEN.
FRAUEN HABEN AUCH SCHON GETÖTET.
DAS IST DOCH UNSINN. ICH BIN NETT...
NETT.

NETT?
JA, NETT.
GURRRRR!

NOW PLAYING
STEVE GOODRICH
Star
Star
EINMAL. WILL STEVE GOODRICH SEHEN.
SICHER, SIR. DREI DOLLAR BITTE.
BITTE TRETEN SIE EIN. DIE VORSTELLUNG FÄNGT GLEICH AN.

EINEN MOMENT, SIR. DARF ICH ?
ICH NEHME IHRE SERVIETTE...
UND ICH FÜRCHTE, DER HUND MUSS AUCH... RAUS.
SO IST ES BESSER. BITTE TRETEN SIE EIN.
DANKE SCHÖN.
AH, MEIN LIEBER!
SIE WAREN ES.

SIE HABEN DAS FRAGEZEICHEN VERGESSEN.
DA IST KEINS.
WIESO, POIROT? ERKLÄREN SIE SICH, HOLMES. BRINGEN SIE LICHT IN DIE SACHE, MAIGRET.
DIE ANDEREN WAREN ES NICHT.
UND WARUM NICHT?
DEDUKTION DURCH SUBTRAKTION. ICH BIN ÜBRIGGEBLIEBEN. ABER ICH HATTE VIELLEICHT AUCH MEINE GRÜNDE.
VERSCHIEDENE GRÜNDE: PROVINZDENKEN, FEMINISMUS UND EINE OBSKURE, EIGENSÜCHTIGE PHILOSOPHIE.
WARUM ICH, DUPIN?

NUN?
SAGEN SIE'S MIR.
JA!
WIESO, HERR HAUPTMANN?
ERIK VAN HEINEKEN WAR BEI DER SS, BEVOR ER DEN NAMEN UND ARBEITGEBER WECHSELTE.
OBERSTURM-FÜHRER, MEIN HERR!
WOW.
KLIK
SOLL ICH?
SAGEN SIE ES IHM, HERR GENERAL. ER KANN SOWIESO NICHTS BEWEISEN.
JA!

SIE WISSEN, WER ICH BIN. GANZ AMERIKA WEISS ES!
ICH HABE DIE TRUPPEN AUF IHREM RUHMREICHEN MARSCH IN DIE FREIHEIT GEFÜHRT!
ICH HABE DIE TRECKS GEFÜHRT, DIE DEN GROSSEN WESTEN ERSCHLOSSEN!

ICH HABE DIE INDIANER GEZÄHMT!
WANTED
DEAD OR ALIVE
WANTED
DE OR ALIVE
ICH HABE DIE GESETZLOSEN AUSGEMERZT!
ICH HABE ORDNUNG IN CHICAGOS STRASSEN GEBRACHT!

AIR CORPS
ICH
NAVY
ICH
ARMY
ICH
WIR SIND DAS ERWÄHLTE VOLK. ICH BIN DER GESALBTE FÜHRER.
HAI!
JA!
HELD

KANN ICH ZUSEHEN, WIE MEIN VOLK DURCH DIE UM-WELTVERSCHMUTZUNG DER NEUEN INDUSTRIEN LEIDET?
NEIN!
WER SCHÜTZT DIE KLEINEN LEUTE? BIN ICH SUPERMAN?
JA!
JA!

ICH, MIT MEINEN ÜBERLEGENEN TALENTEN, DEN EINSICHTEN IN DIE MENSCHLICHE SEELE UND DIE HÖHEREN SPHÄREN...
ICH, MIT MEINER TECHNISCHEN BEGABUNG UND MEINEM TREUEN DIENER...
JA, DAS BIN ICH.
ICH HABE DEN TAG GERETTET!
UNSER RETTER!
NIEMALS.
WAS?
VAN HEINEKEN, ZEIGE ES IHM!

DIESES ZIMMER IST STÄNDIG VERSCHLOSSEN! KEIN AUSSENSTEHENDER DURFTE JE DIESEN SCHLEIER DER HEIMLICHKEIT DURCHDRINGEN!
SEIEN SIE DANKBAR.
SEHEN SIE SELBST DES MEISTERS MACHT!
GLAUBEN SIE MIR JETZT?
OKAY, OKAY.
TOP SECRET

WOLLEN SIE MICH JETZT VERHAFTEN? M I C H, DAS SYMBOL DER AMERIKANISCHEN LEINWAND? M I C H, DEN ARCHETYP DER RUHMREICHEN NATION?
WIE RECHT SIE HABEN... DER RUHM DARF NICHT ERLÖSCHEN.
DARF ICH IHNEN EINEN VORSCHLAG MACHEN?
IHR WUNSCH SEI IHNEN GEWÄHRT.
WIE WEIT FLIEGT DIESES FLUGZEUG?
EINHUNDERTACHT-UNDACHTZIG KILOMETER.
DAS IST WEIT.
DURCHAUS, MEIN HERR. LUFTLINIE.
FLIEGEN SIE NACH OSTEN, JUNGER MANN... IMMER WEITER.
DIE GEDANKEN VON UNS KLEINEN LEUTEN BEGLEITEN SIE.
ICH HABE EUCH NIE ENTTÄUSCHT, MEINE KINDER.

EIN KLEINER SCHNAPS FÜR DIE LETZTE REISE, MEIN HERR?
ERIK, DU NIMMST MEINEN LETZTEN WUNSCH VORWEG.
MEINEN LETZTEN.
ICH HABE ANGST.
SCHNITT! PACKEN WIR ES RICHTIG AN, STEVE. IHRE BESTE ROLLE... SIE WURDEN FÜR SIE GEBOREN!
DIE KAMERA LÄUFT, DAS PUBLIKUM SIEHT ZU.
REGIE
DER SCHWANEN-GESANG IST IMMER DIE BESTE ROLLE. HOLEN WIR UNS DEN OSCAR!
* EXTRABLATT * STEVE GOODRICH OPFERT SICH!
Opfer für die Mitmenschen!
Millionen trauern!
ROGER!

DER ARME BURSCHE. GANZ ALLEIN.
ERIK... HABEN WIR DAS NICHT ZUSAMMEN GEMACHT?
DER MEISTER RUFT.
BEQUEM, ERIK? DIE REISE WIRD NUR KURZ.
ETWAS FLÜSSIGEN MUT?
DANKE, SIR.
AUF GEHT'S!
NIE HABEN SO WENIGE SO GROSSES FÜR SO VIELE GETAN!
REMEMBER THE ALAMO.

PLATSCH.
HMMM.

OR AIRPORT
JIM... SCHON ZURÜCK?
CITY HALL
AUGUSTA POLICE
ALLES KLAR?
ALLES KLAR.
EINE VER-HAFTUNG?
NEIN, SIR. ÜBER-FLÜSSIG.
IRGEND-ETWAS UNKLAR?
ALLES IN ORDNUNG, SIR.

ENTSCHULDIGUNG, JIM, ABER WIR MÜSSEN SIE ABLEGEN.
NATÜRLICH, BILL.
DANKE, JIM. HALTEN SIE SICH BEREIT. WIR BRAUCHEN SIE BALD WIEDER.
BIN ALLZEIT BEREIT, SIR.
BILL... WENN SIE SCHON DABEI SIND, HOLEN SIE JOE HERAUS... WIR BRAUCHEN IHN FÜR DIESEN FALL IN AUBURN.
NATÜRLICH, SIR.
BIS DANN, JIM.
STETS ZU IHREN DIENSTEN.
MORD PER FERN-BEDIENUNG
Fall abgeschlossen